Adéyola Opaluwah

Chansons pour Mon pays

AF535228

Adéyola Opaluwah

Chansons pour Mon pays

Éditions Muse

Imprint
Any brand names and product names mentioned in this book are subject to trademark, brand or patent protection and are trademarks or registered trademarks of their respective holders. The use of brand names, product names, common names, trade names, product descriptions etc. even without a particular marking in this work is in no way to be construed to mean that such names may be regarded as unrestricted in respect of trademark and brand protection legislation and could thus be used by anyone.

Cover image: www.ingimage.com

Publisher:
Éditions Muse
is a trademark of
International Book Market Service Ltd., member of OmniScriptum Publishing Group
17 Meldrum Street, Beau Bassin 71504, Mauritius

Printed at: see last page
ISBN: 978-620-2-29381-5

Copyright © Adéyola Opaluwah
Copyright © 2019 International Book Market Service Ltd., member of OmniScriptum Publishing Group

POUR MON PAYS

C' est pour Mon Pays
Que j'écris
C'est pour Mon Pays
Que je suis Créée

Pour Mon Pays seul
Je suis Motivée
Je suis Inspirée d'attendre
Je suis motivée d'écouter
Je suis motivée de comprendre
Je suis motivée de rechercher
Je suis motivée de me lever et prier
Vraiment, pour un pays?
Où se trouve-t-il, ce Pays?

Mais C'est vrai
Pour mon Pays
Je suis allée à l'école, devenue écolière
Je suis devenue Lycéenne
Je suis allée à l'université, devenue étudiante
Pour bien comprendre les Souffrances de mon Peuple
L'effort de mes frères

C'est Pour Mon Pays
Que j'ai compris comment chanter
Comment chanter aux vieux
Comment chanter aux jeunes
Comment chanter aux bébés
Les tous qui forment mon Pays
Qui conduiront le futur de mon Pays

C'est pour mon Pays que je vis
Que j'ai compris comment écrire des poésies
Afin de mettre les souris
Sur les Visages des hommes de
Mon Pays.

MOTS -CLÉS

Motivée
Créée
Prier
Devenu
Souffrance

Effort
Vieux
Jeunes
Sourit
Visage

LES QUESTIONS

1. Quelles sont les images littérales ou lignes dans le poème qui montrent que l'auteur parle d'un pays noir ou blanc ?

2. Suggérez un thème pour le poème.

NOËL

Je dormais et Rêvait
Du Noël
Il était bien sur le nuage
Je caressais la lune

Et parlait au soleil
C'est le temps de joie
Les joies reviennent après

Les travaux et les peines des mois passés
Les rires de noël reviennent après les larmes

Meilleures vœux de Bonheur, de santé et de prospérité
Joyeux Noël et peut-être bonne Année

Que la paix couvre la terre
Paix aux hommes de la terre
Paix aux peuples de bonne volonté

MOTS –CLÉS

Nuage	Larmes
Reviennent	Vœux
Peines	Volonté

LES QUESTIONS

1. Quels sont le temps et la location littérales du poème ?

2. Expliquez n'importe deux images dans le poème et comment elles contribuent à l'ambiance du poème.

LES SAISONS

Les Saisons de vie
Sont très dangereuses
Donc il faut avoir la patience
J'ai vu la terre dans la sécheresse
La terre semble qu'elle dort

Oui la vie dort

Toujours le vent souffle

Tout le monde est toujours dedans

Même j'ai envie de dormir

Chaque minute.

Je suis allée au champ

De mon oncle

J'étais surprise

Je ne pouvais pas les reconnaître!

Non ce n'était pas le sien ?

Avec les feuilles toutes brunâtre ?

Les arbres mêmes, très insuffisants

Je ne pouvais pas le reconnaître

Or c'était dans la saison des pluies?

Qui s'épanouit? La cour qui était pleine de l'eau?

Est- ce que c'était les mêmes jardins qui étaient pleins des fleurs, qui s' étaient fleuris?

MOTS -CLÉS

Saison
Dangereux
Sécheresse
Souffle

Champ
Reconnaitre
Feuilles
Séches

Herbes
Epanoui

LES QUESTIONS

1. Faites une comparaison des saisons décrites dans le poème avec quelques saisons dans la vie de l'homme.

2. Quelle est la situation littérale du poème ?

L' HEURE

L'heure est la vie
L'heure est la mort

C'est elle qui règle le jour
Et la nuit

Elle est patiente et silencieuse
Elle regarde tout le monde
Elle ne rit pas, elle ne parle pas
Peut-être, elle cligne des yeux
Qu'est-ce qu'elle pense?
Qu'est-ce qu'elle sent?
Est-elle heureuse?
Est-elle fâchée?

On ne sait pas
Mais je sais qu'elle peut me rendre riche
Oui, très très riche
Il semble qu'elle est toujours en hâte
Elle n'attend jamais pour n'importe qui.

MOTS –CLÉS

Silencieuse
Cligne
Hâte
N'importe

LES QUESTIONS

1. Le poète utilise une très forte figure de parole partout dans le poème, discutez.

2. Décrivez le ton et caractère du poète.

UN BÉBÉ

Un bébé est né
Un étranger est arrivé

Il ne connait ni le Nord
Ni le Sud, l'Ouest ou l'Est

Il ne connait pas les visages
Il ne connait pas leurs langues

Il ne peut ni parler
Ni chanter ou souffler

Il ne peut ni penser
Ni considérer, ou aider

Il ne peut pas bien regarder
Ni mastiquer

Il ne peut pas réciter
Ni comprendre les berceuses

Il a besoin toujours des attentions
Comme les étrangers
Il est une merveille
Pour quelques jours.

MOTS –CLÉS

Considérer

Mastiquer

Réciter

Berceuse

LES QUESTIONS

1. Le poète utilise une métaphore dans la première strophe pour décrire le bébé et une comparaison dans la dernière strophe, quelle est la raison possible pour ce style ?

2. Pensez – vous que le poète a bien présente ' Le Bébé ' comme ' l'Un Spéciale ' ou ' l'Un des Faibles '. Quelles sont les lignes dans le poème qui soutiennent votre réponse ?

LA MORT

La mort, où est ton dard?
Où est ton aiguillon?
Où est ta méchanceté?
Où est ta douleur?

Est-ce que c'est tout ce que tu peux faire?
C'est tout ce que tu peux montrer?
Que tu peux démontrer à moi?
Tu m'as déçu!

Quand j'étais petite
J'ai eu trop peur de toi
On m'a dit que tu peux détruire
Toute la terre, toutes personnes

Et après, qu'est-ce qu'il te reste?
De te reposer? De t'enfuir?
De jouer et danser?
C'est la faiblesse de ta part!
Que tu ne peux pas faire que tuer!

MOTS -CLÉS

Dard

Aiguillon

Méchanceté

Douleur

Démontrer

Faiblesse

LES QUESTIONS

1. Pensez –vous que selon le poète dans les deux dernières lignes La Mort est vraiment faible ?

2. Décrivez l'humeur et le caractère du poète dans ce poème.

3. Le poète utilise les questions dans la plupart du poème, pourquoi ?

LE DON DE LA VIE

Dieu nous a donné un don unique
C' est le don de la vie, je dis que

La vie est belle, tu dis "non" ?
Tu dois accepter le plus bel des dons

La vie est douce, j'en prends ma place
"Comment" tu demandes, en prenant mes pas

Chaque matin, j'ouvre mes fenêtres
Je regarde le soleil avec mes lunettes

Avant midi, je sors de la maison
Chercher l'argent, des boulots, j'ai raison

Au soir, c'est le temps de me reposer
Et sur les canapés, je me dépose

Je bois des vins rouge ou blanc ou verts
C'est rigolo non? C'est la crème, la vie!

MOTS -CLÉS

Don

Fenêtres

Soleil

Lunettes

Avant

Boulots

Reposer

Canapés

Rigolo

Crème

LES QUESTIONS

1. Faites des commentaires en ce qui concerne l'arrangement de rime dans le poème.

2. Décrivez la vue de vie du poète selon le poème.

3. Discutez la structure du poème.

L' INCONNU

Qui est toi réellement?
Tu es blanc et tu es noir
Tu n'es pas rouge, ni jaune
Tu es ici, tu es là
Tu es partout en même temps
Tu dis oui, tu dis non
Tu dis ce que tu sais
Tu dis ce que tu ne sais pas
Tu passes par ci, tu passes par là
Tu passes partout tout le temps.

Qui est toi?
Cher inconnu
Tu allumes ta pipe, mais tu ne fumes pas
Tu parles français, tu parles anglais
Tu habites en Chine, tu déjeunes en Algérie
Tu fais la recréation au Togo
Tu es marié au Nigéria
Tu as des enfants en France
Tu as des cousins au Sénégal
Tes parents, on ne sait pas
Où ils demeurent
Cher inconnu, qui es toi réellement ?
Pas de problèmes, je t'accepte comme ça.

MOTS -CLÉS

Réellement

Partout

Inconnu

Allume

Pipe

Fume

Recréation

Marie

Demeurent

LES QUESTIONS

1. De quoi ou qui pensez – vous que le poète parle ?

2. Quelles sont les figures ou images qui suggèrent la disposition du poète ?

3. Dans la dernière ligne, y a-t – il une possibilité que le poète a renoncée en ce qui concerne L'Inconnu ?

LE ROI ET LE SORCIER

Il prépare toujours les poisons
Des poisons et des poisons
“ Apporte avec toi une chèvre noire
Le caca d'un serpent
La queue d'un caméléon
Un bébé lion, une vierge “
Peut-être il demandera un jour
“ Le ciel, le soleil, et la lune ! “
Il est très travailleur
Oui, il prépare le poison
Sur sa natte, dans sa chambre
Il éprouve le pouvoir de son poison
Sur un chat, le chat meurt instantanément

Si vous êtes une reine
N ‘ allez jamais chez le sorcier
Si vous prenez de sa main
Un poison pour le roi
Le roi découvrira
Parce qu' il est sage
Et son Cœur est pur
Et plein de la bonté
“ Comment est-ce que tu sais “ tu dis peut-être
Le roi appellera à manger avec lui
Une esclave ou son chien
Et comme un père, comme le roi
Il laissera l'esclave manger le premier
Avant lui, le chien le premier

Si l 'esclave tombe et meurt

Si le chien tombe et meurt

C 'est terrible ma Chérie !

C ' est une dévastation pour tous !

Si vous êtes du palais.......n'allez pas chez le sorcier !

MOTS –CLES

Sorcier

Poisons

Chèvre

Serpent

Queue

Caméléon

Vierge

Ciel

Lune

Natte

Epreuve

Instantanément

Reine

Sage

Pur

Bonté

Esclave

LES QUESTIONS

1. Il y a les images claires qui montrent la coterie littéraire du poème. Discutez.

2. Dans quelle manière est-ce que le poète fait conseiller contre le sorcier ?

3. Le poète a décrit le mal du sorcier, indiquez les formes et les images littéraires qu' il utilise pour faire cette description.

LES YEUX !

Eyes Eyes Eyes ! (anglais)
Voilà les yeux
Différents sortes des yeux !
Des yeux qui disent « oui »
Des yeux qui disent « non »
Des yeux qui disent « interdite d'entrer »
Des yeux qui parlent de l'amour
Des yeux des maladies
Des yeux de la mort
Des yeux de la colère
Des yeux de Bonheur
Des yeux de fatigue
Des yeux de la jalousie
Des yeux des enfants
Des yeux des vieux
Des yeux des hommes
Des yeux des femmes
Des yeux des mauvais.

MOTS -CLÉS

Colère

Bonheur

Jalousie

Mauvaise

LES QUESTIONS

1. Quel est l'effet de la répétition « eyes » par le poète dans le premier vers?

2. Ce poème est sans strophe, suggérez une raison pour ce style.

3. Le poète a mentionné quinze sortes des yeux, est-ce que vous pouvez mentionner autres sortes des yeux en plus ?

4. Y a-t – il une relation entre ce poème et une chanson ?

LES PIEDS ! LES PIEDS !

C ' était presque minuit
J 'ai vu les imprimés des pieds
Ces imprimés très vastes
À côté de notre maison

Ces imprimés sont tous rouge
Oui très très rouge
Mais les pieds
Où vont-ils?

J ' avais peur !
On ne saivait pas
Je ne saivais pas quoi faire
Je ne saivais pas quoi dire
En fait, je ne saivais pas comment pousser un cri

Mais dans mon Cœur
J ' ai su que quelqu'un était mort
Quelqu'un était tué
Par qui ?
Par les pieds, pieds, pieds
Par les imprimés des pieds, pieds, pieds !

MOTS -CLÉS

Presque
Imprimés
Pieds
Peur
Pousser
Mort

LES QUESTIONS

1. Décrivez l'humeur du poète.

2. Faites des commentaires en ce qui concerne la coterie littéraire du poème.

3. Est-ce le titre du poème est convenable ?

LE JARDIN DE MON PÈRE

Je vais te parler d ' un jardin
Le jardin de mon père, où

Les Lilas sont fleuris
Où les roses sont très jolies
Où la vie est belle !

Quand je suis dans le jardin
Il semble que
Je suis dans un Petit paradis
Peut-être le paradis d ' un enfant

Dans le jardin,
Il semble que L ' air est doux
Comme je peux le toucher !

Les végétales sont tous verts
Doucement verts !
Il y a les lis et
Beaucoup d ' autres fleurs
De quel nom je ne saivais pas

Voilà maman, elle arrive
Prendre des végétales pour le repas ce soir
Elle semble contente
Mon père n'a pas tort
Le jardin de mon père est utile

Attendez – moi

J ' arrive pour continuer mon poème

Je veux aider maman

Prendre les végétales et

Quelques lilas pour ma chambre !

MOTS -CLÉS

Lilas

Fleuri

Roses

Jardin

Paradis

Végétales

Repas

Tort

Utile

LES QUESTIONS

1. Discutez l'utilisation du suspense par le poète dans la dernière strophe

2. Faites une analyse de la progression de la description du jardin

3. Quelle sorte du poème est – il ?

AU MARCHÉ

Je vais au Marché maintenant
Est-ce que as-tu déjà été au marché ?

Il y a toujours des bruits
Beaucoup de bruits

Quelqu'un achète, quelqu'un vend
Quelqu'un veut acheter, quelqu'un ne veut pas vendre
Le prix n'est pas bon

Les gens vont et les gens viennent
Le marché n'est pas prêt à fermer
Le marché n'est pas prêt à terminer
Quand je vais au marché

Je suis toujours très heureux
Heureux que je vais regarder un théâtre
Un théâtre, joué par les hommes involontaires

Je m'amuse au marché
Quand je vois les hommes
Avec les grands sacs, petits sacs
disputant
Ce qu'on appelle PRIX.

MOTS -CLÉS

Bruits
Acheté
Vend
Prix
Gens
Marche
Terminer
Théâtre
Involontaires
Amuse

LES QUESTIONS

1. Faites des commentaires en ce qui concerne la disposition humoristique du poète.

2. Discutez le thème de ce poème.

3. Dans une ligne dans le poème, le poète a fait comparer Le Marché avec un théâtre, es-tu en accord avec cette métaphore ? Discutez.

MES AMIS

Mes amis sont beaux
Mes amies sont belles
Ils sont travailleurs et
Elles sont travailleuses

Ils ne sont pas les retardataires
Ni les retardataires
Ils sont gros et
Elles sont grosses

Ils sont grands et
Elles sont grandes
Ils sont courts et
Elles sont courtes

Il y a les bavards et
Les causeurs
Ils aiment jouer et causer

Je te dis
Ma vie n'est pas complète
Sans mes amis
Sérieux et sérieuses !

MOTS -CLÉS

Mince

Courte

Bavard

Causer

Complète

LES QUESTIONS

1. Sélectionnez et discutez les adjectifs qui indiquent que le poète n'a pas toutes sortes d'amis.

2. Est-ce qu'on peut décrire ce poème comme une balade ? Expliquez pourquoi ou pourquoi pas.

MA MÈRE

Ma mère est gentille
Elle est une amie
Oui je suis content

Elle me lève chaque matin
Pour prendre ma douche

Elle me prépare pour l'école
Elle me donne les repas

Oui je suis content
Parce qu'elle est ma mère

Elle me dit, elle dit toujours
« Au revoir mon fils, fais bon »

Après l'école, elle ouvre la porte
Pour moi, je suis content

Oh ma mère, oh oui ma mère !
Merci pour tous ce que tu as fait
Merci pour les bonbons
Merci pour les beignets
Merci pour ta présence.

MOTS –CLÉS

Gentille

Amie

Content

Douche

Beignets

Présence

LES QUESTIONS

1. Il y a une phrase répétée trois fois dans le poème. Ça veut dire quoi ?

2. Quel est le genre de ce poème ?

3. Quel est l'humeur du poète et la coterie littéraire du poème ?

L'ENSEIGNANT

(Frappe, frappe)
C'est qui ?
C'est moi l'enseignant
Qu'est-ce que tu cherches ?
Je cherche un enfant à transformer
Un monde à remodeler
Un pays à rebâtir

Mais pourquoi ?
Afin que nous parlions une langue
Pour que nous chantions la même chanson
Pour que nous voyions avec les mêmes yeux

Qu'est-ce que tu portes avec toi ?
Je porte seulement une langue à parler
Une langue pour corriger et
Encourager et chanter.

MOTS -CLÉS

Cherche
Transformer
Remodeler
Rebâtir
Langue
Corriger
Encourager

LES QUESTIONS

1. Choisissez et discutez les mots qui suggèrent la tendresse de l'enseignant.

2. Quelles sont les lignes qui suggèrent que le poème pourrait être dramatique ?

3. Pensez – vous que ce poème peut représenter une conversation réelle entre deux personnes ? Donnez les raisons pour votre réponse.

LE SOLEIL

Quelqu'un se cache de lui
Quand il se fâche
C'est qui ? C'est le soleil
Quelque fois, il se fâché
Mais avec qui ?
On ne sait pas réellement
Peut-être avec les fils des hommes
Peut-être avec le continent

Au matin il est très beau
Il porte un manteau jaune
Tout brillant et rayonnant
Il sourit au monde, il est content
Il est heureux, il vient de se lever

C'est le soir, c'est le temps de dormir
De mourir momentanément
Il n'est pas heureux du tout
Son manteau devient rouge
Non, il ne meurt pas, c'est le temps de dormir.

MOTS -CLÉS

Cache

Fâché

Lui

Continent

Manteau

Jaune

Brillant

LES QUESTIONS

1. Discutez les mots que le poète utilise pour décrire le soleil comme un objet animé.

2. Quelles sont les images utilisées par le poète pour faire comparer le soleil avec la mort et la colère ?

L'ENFANT NOIR

L'enfant, voilà l'enfant Noir
C'est lui, je crois
Il court par-ci, il court par-là
Il court pêle-mêle et là-bas
Il est très heureux
Il est très content et pas si sérieux
Faire partie du continent d'Afrique
Il ne pense à rien
Sauf de jouer
Sauf s'amuser, couler et rouler
Il aime ses vêtements déchirés et sales
Il aime ses pieds nus et sales
D'après lui la vie est belle
C'est la vie de l'enfant noir
Et il en croit.

MOTS -CLÉS

Crois

Pêle-mêle

Pense

Sauf

Couler

Vêtements

Déchiré

Nus

LES QUESTIONS

1. Pensez – vous que le poète chante les louanges de l'enfant Noir ou se moque de lui ?

2. Quelle est la description de l'enfant Noir qui se ressemble à une description des pays africains ? Pensez – vous que ceci est propre et bon ?

L'ECOLE

C'est une place sérieuse
Pour autre, une place douloureuse

Ce n'est pas une place de jouer
C'est une place à trouver

Elle m'a formé ainsi
Elle m'a modelé comme ci

Elle met une parole dans ma bouche
Et dans ma main un Bic de roche

J'y rencontre des nouvelles personnes
J'y prends mes premières leçons

Elle m'a recouvré des seins de ma mère
Elle m'a saisi de les pieds de mon père

Qui ose opposer l'école ?
    Qu'est-ce qui peut remplacer l'école ?

MOTS -CLÉS

Douloureuse
Ainsi
Parole
Bouche
Roche
Seins
Leçons
Saisi
Opposer
Ose

LES QUESTIONS

1. Pensez – vous que ce poème est une balade ? Donnez les raisons pour votre réponse.

2. Faites des commentaires de la structure et l'organisation de rimes dans le poème.

3. Donnez les réponses possible aux questions dans les deux derniers vers du poème.

L'EAU

L'eau rencontre la hauteur en Hawaii
Le résultat est impressionnant
Dans toutes planètes
L'eau est la vie

L'eau rencontre la lave en fusion
La mer rencontre le feu
Le feu cède place à l'eau
Subjugue la chaleur souterraine
La plus grande conte raconté !

L'eau a faim, l'eau est fâchée
Qui coule vite et consomme
Comme la bête sauvage de la nature

Non pas de l'eau apprivoisée
L'eau bouillie, l'eau refroidie
L'eau barrée, l'eau bouteillée
L'eau potable, l'eau glacée

Pourrait l'eau méchante, gelée
Qui piqûe mal sur la peau au Canada
Qui enterre les automobiles

Le type de l'eau qui est habitat pour
Les galopins
Les chevaux de la mer
Les pieuvres, les requins

Les baleins, les orques

Les dauphins

Je te dis.

MOTS-CLÉS

Hauteur
Impressionnant
Planètes
Lave
Fussion
Subjugue
Souterrain
Bête
Apprivoisé
Gelé
Pique
Auguilles
Galopins
Pieuvres
Requins
Baleins
Orques
Dauphins.

LES QUESTIONS

1. Décrivez l'humeur du poème.
2. Le poète a utilisé une forte figure littéraire dans le poème. Discutez- la.
3. Le poète a mentionné différentes sortes de l'eau. Est-ce que vous pouvez en ajouter?
4. Essayez une traduction à l'anglais de la première strophe.

SUIVANT VOS DÉMARCHES

Je vous ai regardé
Comme une petite fille
Je peux aussi imiter vos démarches
Je peux suivre juste derrière vous

J'ai observé que vous n'avez pas marché si vite
Ni si lent
Vos démarches ont regulièrement progressé
Elles ont en direct

Vous étiez gentil
Vous étiez bon
Vous étiez aussi bel
Je peux suivre vos démarches

Vous avez parlé
Vous avez ecouté
Vous avez conseillé

Vous avez aidé
Vous été heureux, joyeux
Et peut-etre vous été triste aussi
De toute façon, j'aime vos démarches

Vous avez etudié
Vous avez appris
Vous été savant et connu Vous avez enseigné
Vous avez prêché Vous avez agit
Vous avez chanté

Vous avez dansé

Et peu-tetre vous avez pleuré aussi

Que vos démarches soient benis à jamais !

MOTS-CLÉS

Démarches

Imité

Régulièrement

Conseillé

Savant

Connu

Prêché

Agit

Appris

Bénis

LES QUESTIONS

1. Suggérez un thème pour le poème.
2. Décrivez le ton du poète.
3. Quel est le genre du personage du poème ?
4. Tentez une discussion de la situation du poème.

Table des matières

yes

I want morebooks!

Buy your books fast and straightforward online - at one of world's fastest growing online book stores! Environmentally sound due to Print-on-Demand technologies.

Buy your books online at
www.morebooks.shop

Achetez vos livres en ligne, vite et bien, sur l'une des librairies en ligne les plus performantes au monde!
En protégeant nos ressources et notre environnement grâce à l'impression à la demande.

La librairie en ligne pour acheter plus vite
www.morebooks.shop

KS OmniScriptum Publishing
Brivibas gatve 197
LV-1039 Riga, Latvia
Telefax: +371 686 204 55

info@omniscriptum.com
www.omniscriptum.com

Printed by Books on Demand GmbH, Norderstedt / Germany